KB054914

암을 정복할 수 있을까?

PEUT-ON VAINCRE LE CANCER?
by Laurent Degos

Copyright © Le Pommier 2004
All rights reserved.

Korean Translation Copyright © Minumin 2006, 2013, 2021

Korean translation edition is published by arrangement with
Humensis through The Agency.

이 책의 한국어판 저작권은 The Agency를 통해 Humensis와
독점 계약한 ㈜민음인에 있습니다.
저작권법에 의해 한국 내에서 보호를 받는 저작물이므로 무단 전재와 무단 복제를 금합니다.

민음 바칼로레아 026

암을
정복할 수 있을까?

로렝 드고 ｜ 유항종 감수 ｜ 김성희 옮김

민음in

● 일러두기

1 본문 가장자리에 있는 사과 🍎 는 이 책을 통해 반드시 이해해야 하는
  핵심 개념을 표시한 것입니다.
2 본문 아래쪽의 주는 독자들이 본문 내용을 쉽게 이해할 수 있도록 한국어판에 특별히 붙인 것입니다.
3 인명 및 지명 표기는 한글 맞춤법 통일안 및 외래어 표기 규정을 따랐습니다.
4 본문에 사용한 부호 및 기호의 뜻은 다음과 같습니다.
    ─ 전집, 단행본: 『 』
    ─ 신문, 잡지: 《 》
    ─ 개별 작품, 논문, 기사: 「 」

차례

20××년 암 정복 기념 ❤

질문 : 암을 정복할 수 있을까?

영화나 텔레비전 드라마를 떠올려 보라. 암 환자와 의사가 어떤 대화를 하는가? 의사가 환자에게 암에 걸린 사실을 알릴 때 보면 전쟁에서나 쓰는 말을 한다. 암세포를 '공격'한다느니, 건강한 세포가 '방어'한다느니, 항암제는 '적'을 '제거'하고 세포를 죽이는 '무기'니 하는 식이다. 건강한 세포는 건드리지 않고 암세포만 추적해 파괴하는 새로운 치료법을 '자동 유도 미사일'에 비유하기도 한다.

'암을 정복할 수 있을까?'라는 이 책의 제목도 마찬가지다. 다시 말해 암은 단순한 질병이 아니라 우리가 '무찌르고 정복해야 할 적'이라는 것이다.

암과 전쟁의 공통점은 또 있다. 싸움이 끝난 후에도 흉터가 남는다는 것이다. 암 환자들 가운데 일부는 이미 알려진 치료법을 이용해 암과의 싸움에서 이기고, 또 상당수는 오래도록 암과 싸우면서 살아가고 있다. 그러나 거기에도 희생이 따른다. 구토와 탈모, 잦고 심한 감염, 화학 요법을 받는 도중이나 받은 후에 나타나는 피로 등을 피할 수 없다.

정신도 고통 받기는 마찬가지다. 통증을 치료하다 보면 정신적 혼란을 겪기도 한다. 게다가 암이 퍼진 장기를 잘라 내는 수술을 받거나 방사선 치료를 받다가 생긴 화상과 같은 후유증의 흔적은 평생토록 남는다.

모든 암 치료법의 목적은 가능한 한 마지막 세포 하나까지 암을 완전히 제거하는 것이다. 암 치료법은 **세포 독성 요법**이라고 불리는데, 말 그대로 세포에 유독한 치료라는 뜻이다. 물론 현재 쓰이는 치료법들은 과거의 치료법에 비해 치료 효과가 뛰어나고, 위험성도 적다. 하지만 부작용이 없는 것은 아니다.

치료법 가운데는 체내에 암세포에 대한 항체를 형성시키는 것처럼 독성이 덜한 것도 있다. 하지만 그런 방법들은 단독으로 사용하면 효과가 적기 때문에 통상적인 치료법과 같이 써야 한다.

인체가 암에 자연적으로 대응하는 힘을 키워 주는 게 목적인 세포 요법˚이나 유전자 요법˚도 있다. 하지만 이제 겨우 시작 단계일 뿐이다.

"싸우지 않고 이기는 것이 최선"이라는 노자[*]의 말처럼, 싸우지 않고 암을 정복할 수는 없을까?

당장 떠올릴 수 있는 방법은 두 가지다.

첫째, 암이 생긴 장기나 조직을 건강한 것으로 대체하는 방법.

둘째, 환자의 몸에 해를 입히지 않고 암세포 내부의 결함만 고치는 방법.(노자의 표현을 따르면 '억지 없이 바로잡는 방법'이다.)

여러 종류의 암과 암이 되기 직전의 전암성 병변은 외과 의사가 고칠 수 있다. 현재, 조금씩 암으로 진행되는 결장 용종[*],

● ● ●

세포 요법　과거에는 동물의 배아, 태아, 장기로부터 얻은 조직을 가공해서 주사하거나 복용하는 여러 치료법을 말했으나 현재는 주로 면역 세포 요법을 말한다. 줄기 세포 요법도 세포 요법의 일종이다.

유전자 요법　환자의 특정 세포 내에 있는 유전자 조작을 통해 질병을 치료하는 것을 말한다. 즉 환자의 세포에서 결함이 있는 유전자를 찾아낸 후 정상적인 유전자를 인공적으로 끼워 넣어 결함 유전자를 보완함으로써 질병을 고치는 것이다.

노자(老子, ?~?)　고대 중국의 철학자. 자연에 순응하면서 무위(無爲)의 삶을 살아갈 것을 주장하는 도가 사상의 효시로 일컬어진다.

결장 용종　결장은 맹장과 직장을 잇는 큰창자의 한 부분이다. 용종은 장의 점막이 비정상적으로 자라 혹이 되어 장 안쪽으로 돌출된 상태를 말한다. 결장 용종 중 한 가지인 선종성 용종은 그 일부가 암으로 진행되는 전암성 병변이다.

피부 종양, 초기 유방암이나 전립선암, 자궁경부암 등을 비롯한 여러 유형의 암을 외과 수술로 고치고 있다.

하지만 간처럼 생명을 유지하는 데 꼭 필요한 장기에 문제가 있거나 또는 백혈병°처럼 병이 단번에 퍼지는 경우에 장기나 조직을 완전히 제거하는 것(백혈병의 경우에는 혈세포를 만들어 내는 골수를 제거하는 것)은 환자의 목숨을 빼앗는 것과 다를 바 없다. 그래서 이와 같은 상황에서는 암이 생긴 장기나 조직을 다른 사람의 것으로 바꾸는 동종 이식을 검토하기도 한다.

그런데 이식 수술에는 어려움이 따른다. 예를 들어 간을 이식할 때는 수술하기가 어렵고, 골수를 이식할 때는 조직 적합성이 문제가 된다.

간은 다른 장기에 비해 크기가 클 뿐만 아니라 외부 자극에 민감하기 때문에 오랫동안 혈액 순환을 멈출 수 없다. 따라서 간을 이식할 때는 동맥과 정맥 그리고 수담관°을 아주 신속하

● ● ●

백혈병 골수에 장애가 생겨 미성숙한 백혈구가 악성 종양으로 증식하는 질환. 혈액에 생기는 암이라 할 수 있다.
수담관 간과 장을 잇는 관. 간이 분비한 쓸개즙은 수담관을 통해 십이지장으로 들어간다.

고 꼼꼼하게 이어야만 한다. 하지만 일단 이식하는 데 성공하면 면역 억제제* 덕분에 대체로 거부 반응은 나타나지 않는다.

이와 반대로, 골수는 수혈과 마찬가지로 이식하기는 쉬우나 거부 반응이 일어날 수 있으며, 심각한 경우에는 이식된 골수가 이식 받은 사람의 몸을 공격해 생명을 위협할 수도 있다. 그러므로 골수 이식은 조직형이 일치하는 두 사람 사이에서 실시되어야 한다.

이처럼 이식 수술은 특별한 상황에만 적용할 수 있는 치료법이며, 적용할 수 있는 환자의 비율도 암 발병률에 비해 훨씬 낮다. 즉, 이식 수술은 모든 유형의 암을 치료할 수 있는 만병통치약이 아니라는 말이다.

그렇다면 아예 싸우지 않고 암을 이길 수 있는 방법은 없을까? 환자의 몸에 해를 입히지 않고 이상을 일으킨 암세포만 고치려면 어떻게 해야 할까? 암세포를 발병하기 전의 정상적인 상태로 되돌릴 수는 없을까?

오늘날 암 환자는 갈수록 늘어나고 있지만 암으로 인한 사망률은 이전에 비해 매우 낮아졌다. 이는 곧 암을 정복하려는

• • •

면역 억제제 이식 거부 반응이 나타나지 않도록 항체가 생기는 것을 막는 약.

과학자들의 시도가 작으나마 결실을 거두고 있다는 증거다.

이 책은 현재 암 연구의 최전선에서 어떤 일이 벌어지고 있는지, 또 암을 이기려면 어떠어떠한 사회적 노력이 필요한지 생생하게 보여 줄 것이다.

자, 어떻게 해야 암을 이길 수 있는지 궁금하다면 책장을 넘겨 보라.

1

암은
왜 생길까?

암세포는 어떻게 만들어질까?

암세포는 왜 만들어지는 걸까?

현재 암을 연구하는 학자들은 정상 세포가 주로 다음 세 가지 장애를 겪으면서 차츰 암세포로 변한다고 본다.

──세포 분열을 통제할 수 없는 경우(세포 증식).

──기능 프로그램이 작동을 멈출 경우(세포 미성숙).

──세포가 원래 정해진 시점보다 몹시 늦게 죽는 경우(세포 축적).

그러면 암의 발병 원인 세 가지를 차례대로 좀 더 자세히 살펴보자.

세포 증식

세포는 '성장 인자'라는 외부 물질의 영향을 받아 노화된 세포를 바꾸거나 상처를 치료할 때, 또는 그 밖의 어떤 특별한 필요성이 있을 때 인체의 갖가지 조건과 요구에 따라 두 개의 딸세포로 분열한다. 성장 인자는 세포에서 초인종 역할을 하는 수용체에 끼워 맞춰진다. 이때 세포 표면에 구멍을 내지 않고 바깥에서 결합해도 세포 안쪽에서 신호가 울리는데, 이러한 과정을 **신호 전달**이라고 부른다.

일단 신호가 전달되면 세포 안에서는 분자 간에 인(P)이 전송되는 반응이 연속해서 일어난다. 이때 마치 이어달리기에서 바통을 넘기듯이 한 분자에서 다른 분자로 메시지가 전달된다. 바통이 넘어갈 때마다 반응을 촉진하는 **효소**, 키나아제가 분비되어 다음 분자에 인을 배치시키는 한편, 포스파타아제라는 또 다른 효소가 이전 분자에서 인을 제거한다. 이 같은 연속 반응 끝에 인은 'Rb 분자'까지 이른다. 이것은 마치 엔진에 브레이크를 걸어 놓듯이 인이 없을 때 세포 분열을 막는 물질이다.

세포는 인이 Rb 분자에 다다른 순간부터 세포 분열 주기에 들어간다. 여기에서도 키나아제와 키나아제 억제제가 촉발하는 일련의 반응이 개입된다. 이렇게 해서 DNA가 복제되고(따라서 모든 유전자가 복제되고), 복제된 DNA는 염색체로 응축되며, 다시 저마다 핵과 세포질을 확실히 가진 두 개의 세포로 분열된다.(이는 **체세포 분열**에 해당한다.)

여기서 기억해 두어야 할 것이 세 가지 있다. 첫째, 키나아제와 포스파타아제 덕분에 분자에서 분자로 인이 전달된다는 것, 둘째, 가만히 있던 세포가 Rb 분자라는 시동 장치에 의해 분열 주기를 시작하고, 분열 주기에 들어가서야 세포 분열이 일어난다는 것, 셋째, 모든 것(DNA 복제, 세포질의 크기, 염색체 이동 등)이 제대로 되어 가는지 확인하는 체크 포인트˚가 있다는 것이다.

그러면 여기서 혈액암이라 불리는 백혈병이 어떻게 생기는지부터 알아보자. 백혈병 세포는 병이 났다는 신호를 보낸다는 게 그 특징이다. 백혈병 세포는 세포 분열 중에 염색체가 복제될 때 염색체 두 개(9번과 22번)가 끊어지면서, 핵 속에 온전한 9번 염색체와 22번 염색체를 갖게 되는 정상 상태가 아닌, 22번 꼬리가 달린 9번 염색체와 9번 꼬리가 달린 22번 염

· · · ·

체크 포인트 세포 주기의 각 단계 사이에서 다음 단계로 넘어가기 위한 조건이 충족되었는지 판단하는 시점.

색체를 갖게 되는 경우이다.

이것이 바로 **전좌** 현상이다. 이때 각각의 끊어진 꼬리에 있는 유전자들도 잘려 나왔다가 다시 이어지며, 이렇게 두 염색체가 유합한 후에는 잡종 유전자가 생겨난다. 만약 골수 세포가 이런 식으로 손상당한다면 그 잡종 유전자가 만든 물질은 세포 분열을 자극하는 신호를 끊임없이 보내 키나아제를 쉬지 않고 활동하게 하는데, 이것이 바로 만성 골수성 백혈병을 만들어 내는 원인이다. 그런데 항암 치료제 중의 하나인 글리벡은 잡종 분자에서 인의 자리를 차지해 버린다. 그러면 세포는 릴레이 바통을 더 이상 전달할 수 없으므로 더 이상 증식하지 않는다. 그렇게 되면 환자도 더는 고통 받지 않게 된다.(글리벡에 대해서는 나중에 3장에서 자세히 알아볼 것이다.)

암 연구 현황을 살펴보면, 일련의 유전자가 세포 분열의 중요한 단계를 지배한다는 사실이 확연히 드러난다. 그 유전자들은 평소에는 세포 분열에 꼭 필요한 물질을 암호화하지만, 일단 **변이**가 일어나면 지나치게 활발한 물질(특히 키나아제)을 암호화해서 세포가 너무 많이 증식하게 만든다. 의학자들은 그런 유전자를 **암 유전자**라고 정의한다.

이에 반해 세포 증식을 멈추는 정보를 지닌 유전자는 **항암 유전자**라고 부른다. 이 유전자는 종종 '억제 유전자'라고 불리며, 대부분의 포스파타아제를 암호화한다. 이 개념은 다음 장에서 다시 알아볼 것이다.

세포 분화

정자와 난자가 만나면 첫 번째 배아 세포가 만들어진다. 배아 세포의 핵은 정자와 난자의 두 핵이 융합해서 만들어진 것이고, 세포질은 난자의 것이다. 배아 세포는 하나에서 둘로, 둘에서 넷으로, 넷에서 여덟으로 분열되며, 8세포기까지 세포 하나하나가 배아와 태반을 만들 수 있기 때문에 **전능 세포**라고 부른다.

8세포기까지 속이 꽉 찬 공 모양을 한 세포 덩어리는 8세포기가 지나면 일부는 바깥으로, 일부는 안쪽으로 나뉜다. 세포들이 분화를 시작하는 것으로서, 주변 세포는 태반을 만들고, 중심 세포는 배아가 된다. 이어서 안쪽으로 빈 공간이 생기며 주변 세포와 중심 세포를 분명하게 구분 짓는다. 여기서 중심 세포를 'ES 세포' 또는 **배아 줄기 세포**라고 부른다. 배아 줄기 세포는 어떤 종류의 조직으로도 분화할 수 있기 때문에 **전분화 능 세포**라고도 한다. 현재 배아 줄기 세포 관련 연구는 세포를 손쉽게 배양하고 보관하는 수준까지 이르렀다.

사람의 몸이 자랄수록 세포도 점점 더 분화해 간다. 단지 생식 세포만은 아주 일찌감치 따로 보관되었다가 사춘기 때가 되어서야 기능을 회복하게 된다. 세포 분화 단계를 보면 서로 다른 각 단계 사이에서 '중계기' 역할을 하는 **줄기 세포**를 볼 수 있는데, 이것을 다기능 세포라고 한다. 피부 줄기 세포나 조혈 줄기 세포 같은 것들이 이런저런 세포 유형의 기원이 된다. 예를 들면 조혈 줄기 세포는 적혈구, 여러 종류의 백혈구, 혈액 응고에 중요한 역할을 하는 혈소판의 기원이다. 이 단계의 줄기 세포는 아직 분화가 끝나지 않은 상태다. 분화의 맨 마지막 단계에 이르면 세포는 헤모글로빈을 통해 산소를 운반하는 적혈구나, 미오신˚ 덕분에 수축을 할 수 있는 근육 세포처럼 확정된 유일한 기능을 획득한다.

세포가 기능을 획득할 때는 두 가지가 중요하다. 첫째는 분화된 세포를 얻는 것이고, 둘째는 그 세포를 그것이 쓰일 수 있

· · · ·

미오신 근육을 구성하는 근섬유에서 굵은 섬유를 미오신, 가는 섬유를 액틴이라고 한다. 근육이 자극을 받으면 서로 떨어져 있는 액틴이 가까워지면서 결합하고, 결과적으로 근섬유가 짧아지면서 근육 전체가 수축한다.

는 장기 안에 위치시키는 것이다. 따라서 한 가지 물질(적혈구에서 헤모글로빈 같은 물질)에 특권을 주면서 쓸모없는 다른 물질(적혈구에서 미오신 같은 물질)은 없애는 한편, 매우 정확한 구성에 따라 세포들이 자기가 있어야 할 장기 안에 자리 잡도록 해야 한다.

이 모든 것은 유전자 발현, 다시 말해 DNA 정보를 RNA로 전사˚하는 일에 달려 있다. DNA의 유전 정보가 전사되어 만들어진 RNA는 '전령 RNA'˚라고 불리며, 유전 정보를 지닌 DNA와 최종 결과물인 단백질을 중개한다.

DNA의 유전자를 RNA로 전사하는 일은 유전자 앞쪽에 있는 **프로모터 영역**이 조절한다. 이 부분은 여러 개의 분자로 구

· · · ·

전사 DNA에서 RNA로 유전 정보가 전달되는 것. DNA와 RNA는 생화학적 구조가 비슷하기 때문에 상보성 염기를 통하여 정보 전달이 이루어지므로 베낀다는 뜻의 '전사'라는 말을 쓴다.

전령 RNA RNA의 유전 암호는 DNA와 마찬가지로 세 개의 염기 서열로 이루어져 있으며, 이를 코돈이라고 한다. 아미노산의 수(20가지)에 비해 유전 암호의 수(64가지)가 많기 때문에 두 가지 이상의 유전 암호가 하나의 아미노산을 지정하는 경우가 있다. 64가지 코돈 중에서 61가지는 아미노산을 지정하며, 나머지 세 가지(UAA, UAG, UGA)는 단백질 합성을 중단하라는 명령을 내린다. AUG는 아미노산인 메티오닌을 지정하는 동시에 단백질 합성을 시작하라는 명령을 내린다.

성되는데, 분자들마다 DNA를 RNA로 전사하는 리보뉴클레아제를 담고 있다.

🍎 유전자 발현을 조절하는 **전사 인자**는 단백질로 이루어져 있으며 전사 인자 자체도 유전자에 의해 암호화되고, 그 유전자 역시 자신의 프로모터 영역을 갖고 있다.

따라서 세포 내에 어떤 물질이 존재하는지는 세포의 이전 분화 상태, 곧 이전 전사의 결과에 따라 좌우된다. 하지만 이것으로 끝나는 것은 아니다. 왜냐하면 유전자는 퍼즐 조각이 모두 모였을 때만 전사되기 때문이다. 이때 다른 조각들은 세포 표면의 신호에서부터 오는 분자들이므로 이중으로 조절된다는 사실을 알 수 있다.

세포 분화에서 기억해 두어야 할 중요한 사실이 두 가지 있다. 한 가지는 물질에 특권을 준다는 것이며, 다른 한 가지는 쓸모없는 물질은 없앤다는 것이다. 분화에서 DNA를 RNA로 전사하는 과정을 활성화시키는 것도 중요하지만, 다른 물질들을 억제하는 일 또한 중요하다. 억제는 DNA 응축에 의해 이루어지는데, 그렇게 되면 DNA가 펼쳐지지 않아 RNA로 전사될 수 없기 때문이다. 전사 인자가 고착되지 못하게 방해받는 과정을 보면, 우선 DNA가 히스톤이라는 단백질을 실패에 실을 감듯 둘러싼 다음, 유전자의 프로모터 영역 자체가 (**메틸화**라고 불리는 화학 반응으로) 변화하면서 발현을 완전히 막아 버린다.

그렇다면 장기가 만들어지는 과정은 어떻게 설명할 수 있을까? 여기에서도 주인공은 전사 인자다. 실제로 몇 가지 유전자 앞쪽에 위치한 몇몇 전사 인자는 장기 내의 세포 배치까지도 관리한다. 따라서 일련의 물질에 대한 전사를 조장하는 전사 인자는 프로그래머 역할을 하는 셈이며, 눈과 간, 신장, 팔다리 같은 인체의 한 부분을 만드는 일도 할 수 있다. 이처럼 인체가 형성되는 과정을 좌우하는 전사 인자를 암호화하는 유전자를 **호메오 유전자**라고 부른다.

세포 미성숙

이제 암 이야기로 돌아와 보자. 암세포는 제대로 분화하지 못하고, 전사 인자가 심각한 고장을 일으켜 미성숙한 상태로 남는다. 이때 미성숙한 암세포일수록 더 공격적이다. 따라서 암도 더 심해진다. 암세포는 분화 프로그램을 작동시킬 수 없다.

DNA를 RNA로 전사할 때 발생하는 결함은 심한 발현 억제에 따른 결과일 수도 있고, 전사 인자를 발현하는 유전자가 손상되거나 변이를 일으켜 전사 인자가 결핍되었거나, 아니면 염색체가 손상되어 기능하지 못하게 된 잡종 인자 때문일 수도 있다.

전사 인자는 정상일 때는 분화나 장기 구성 프로그래밍에 작용하지만, 탈이 나면 그러한 과정을 방해하게 된다.

탈이 난 전사 인자를 다시 정상으로 돌려놓으려면 어떻게 해야 할까? (나중에 3장에서 자세히 살펴보겠지만) 항암 치료제인 레티노이드를 대량 투여함으로써 전사 인자의 프로그램을 복구할 수 있다. 즉, 세포핵 내부의 DNA에 있는 레티노이드 수용체가 전사 인자라는 퍼즐의 한 조각이라는 말이다.

현재 암 연구자들은 전사 인자나 히스톤을 둘러싼 DNA를 응축시키고 해체시키는 일, 또 프로모터 영역의 메틸화에 손을 써서 유전자를 재발현시키는 일에 관심을 갖고 있다. 히스톤에 관한 연구에서는 여러 가지 방식으로 히스톤에 붙어 있는 DNA와 히스톤 사이의 복잡한 언어를 더 상세히 알아내야 한다. 그렇게 하면 응축된 DNA를 풀어내 몇몇 유전자를 재발현시킬 수 있을 것이기 때문이다.

만약 유전자가 재발현되면 없던 물질이 다시 나타날 수도 있고, 세포를 정상적인 프로그램으로 돌려놓을 수도 있을 것이다.

히스톤과 DNA의 밀착을 억제할 수 있는 물질 몇 가지는 현재 임상 실험 중에 있다.

세포 축적(아포토시스)

미토콘드리아는 세포가 살아가는 데 꼭 필요한 세포 소기관 🍎 이다. 마치 건전지처럼 세포에 에너지를 공급하기 때문이다. 미토콘드리아의 막에는 미세한 구멍들이 나 있다.

이 구멍은 Bcl2라는 이름을 가진 문지기들에 의해 열렸다 닫혔다 하며, 일련의 활성제와 억제제가 문지기들을 견고하게 조절한다. 구멍이 열리면 안쪽에 있던 물질이 세포질 쪽으로 풀려 나오고, 연속 반응이 일어나 최종적으로는 핵 속의 DNA가 절단된다. 즉, 세포가 죽는 것이다. 이러한 과정을 아포토시스라고 한다.

정상적인 경우, 자신의 활동 시간을 다 마친 세포는 자발적으로 아포토시스 과정에 들어간다. 말하자면 더 젊은 세포에게 자신의 자리를 물려주기 위해 죽을 준비를 하는 것이다. 그런데 림프 조직에 생기는 림프종을 비롯한 몇몇 암세포에서는 문지기가 미토콘드리아의 구멍을 계속 닫아 놓는다. 이렇게 되면 세포는 수명이 길어져 쌓이게 되고, 별 쓸모가 없는 이 세포들이 바로 종양이 된다.

암세포의 미토콘드리아를 문지기로부터 해방시켜 줄 약품인 항Bcl2제는 현재 연구 단계에 있다.

세포의 삶에서 또 하나의 중요한 순간은 바로 삶과 죽음을 선택하는 시점이다.

세포는 세포 분열 초기에 DNA 복제가 끝나고 나서 살지 죽을지를 선택한다. 이때 P53*이라고 불리는 단백질이 중요한 역할을 맡는다.

이 단백질은 고칠 수 있거나 극히 적은 수라서 세포 수리 과정에 포함시킬 오류와, 고칠 수 없거나 수가 너무 많아 미토콘드리아를 통한 세포 사망 프로그램에 넣어야 할 오류를 선별한다. 따라서 암호화 유전자가 변이를 일으킨 탓에 P53 단백질에 결함이 있는 사람은 '폐기 처분' 되어야 함에도 계속해서 살아가는 세포와 복제 오류를 갖게 될 위험이 커진다는 것은 따로 설명하지 않아도 알 수 있을 것이다.

● ● ●

P53 대표적인 암 억제 유전자. 17번 염색체에 들어 있으며, 분자량이 53킬로달톤 (kilodalton, 분자량을 나타낼 때 쓰는 단위)이다.

암은 어떻게 다른 곳으로 번질까?

암세포는 주변까지 영향을 미친다. 암세포는 우선 새 혈관을 형성시키는 물질을 분비해 영양분과 산소를 얻는다. 그런 다음에 자신이 속한 장기의 경계막을 파괴하고 주변 조직으로 침투할 수 있게 하는 물질, 다시 말해 다른 장기로 침입해서 이동할 수 있게 하는 물질을 분비한다. 암이 한 곳에서 다른 곳으로 번져 나가는 이유가 바로 이 때문이며, 이러한 현상을 암의 전이라고 한다.

암세포는 장기의 막을 녹이는 효소를 분비해 암세포가 번진 조직을 둘러싼 막에 구멍을 낼 수 있다. 종양에서 떨어져 나온 작은 암세포 덩어리는 이런 식으로 암을 전이시킨다. 따라서 암 전문가들은 이 효소의 작용을 억제하거나, 돌아다니던 암세포가 자리 잡지 못하게 막을 방법을 연구하고 있지만, 아직은 별 성과가 없다.

암세포는 VEGF(Vascular Endothelial Growth Factor)라는 혈관 성장 인자를 만들어 낸다. VEGF에 자극을 받은 혈관은 암세포 주위에 증식해서 혈액을 통해 암세포에 영양분과 산소를 공급한다. 이러한 혈관 자극을 억제하는 항VEGF제가 현재 개발 중인데, 고무적인 성과를 보이고 있다.

암의 이상 증세가 많이 밝혀진 오늘날에는 표적 치료도 생각할 수 있게 되었다. 그러나 암의 특징인 과도한 증식, 미성숙, 느린 아포토시스, 혈관 신생, 전이 성향 같은 일련의 장애는 암마다 서로 차이가 있다. 뿐만 아니라 장애는 한 가지라고 해도 다양한 원인이 존재할 수 있다. 즉, 장애를 일으키는 각각의 원인에 대해 약을 찾아야 한다는 이야기다. 게다가 환자 한 명 한 명이 여러 가지 장애를 보인다는 것을 감안해 보면, 복잡함의 정도는 한층 더 심해진다. 물론 중요한 장애를 겨냥해 치료하는 것만으로 충분하다고 생각할 수도 있다. 그렇다고 해도 환자 각각에 대해 주요 장애가 무엇이며 그 원인은 무엇인지 확인하는 것도 간단한 일은 아니다.

2

암은 정말로

유전되는 걸까?

암과 유전자는 어떤 관계가 있을까?

가족 구성원이 모두 암에 걸리는 경우가 간혹 있다. 그렇다면 암에 취약한 가족이나 개인이 따로 있는 것일까? 암을 일으키는 병적 소질을 발병하기 전에 미리 알아낼 수는 없을까? 만약 암을 일으키는 병적 소질이 있다는 것을 알게 되었다면 어떻게 해야 할까?

위 질문에 답하기 위해 유전자와 암 유전자, 항암 유전자의 개념을 다시 살펴보자.

유전자는 어떤 물질(단백질)을 암호화하는 유전 정보의 한 부분이라고 할 수 있다. 수정이 이루어짐과 동시에 우리는 3만 개의 유전자 세트 한 쌍을 갖게 된다. 그 가운데 하나는 아버지로부터 물려받은 것이고, 나머지 하나는 어머니로부터 물려받은 것이다. 그렇게 해서 유전자 각각은 인체의 모든 세포 내에 쌍으로 존재하게 된다.

암 유전자와 항암 유전자는 부모로부터 물려받는 유전자에 속하며, 정상적으로 작동할 때는 세포 분열을 조절하는 등 세포의 생명을 유지하는 데 중요한 역할을 한다.

그런데 앞에서 이미 본 것처럼 세포 분열을 조절하는 유전자는 단 한 번의 변이(복제 오류)만으로도 지나치게 활발한 물질을 암호화하기 때문에 과도한 세포 분열을 일으킬 수 있다. 원래는 정상적이었던 유전자가 암 유전자로서 활성화되는 것이다.

이때 암 유전자 쌍 가운데 한 유전자에만 이상이 생겨도 장애가 일어난다. 이상이 생긴 유전자가 과도하게 활동하기 때문에 이상이 없는 유전자까지도 정상적으로 기능하지 못하도록 방해를 받기 때문이다.

그런데 이러한 유전자 변이는 부모로부터 물려받은 것이 아니다. 생식 세포, 즉 정자와 난자에는 아무런 문제가 없기 때문이다. 앞에서 이야기했듯이 배아가 성장할 때 생식 세포는 아주 일찌감치 따로 보관된다.

유전자 변이는 우리가 살아가는 동안 우리 몸의 세포에서 어쩌다 복제 오류가 일어났을 때 생기는 현상으로서, 후천적으

모든 유전자는 쌍으로 존재하는데,
암 유전자는 쌍 가운데 한쪽에만 이상이 생겨도 장애가 발생한다.

로 획득하는 형질이다.

암 유전자 변이를 일으킨 세포는 전암 상태가 되고, 이 전암 상태가 두 개의 딸세포와 그 자손 세포에 전해진다. 이렇게 되면 암이 발생할 위험이 커진다. 연이어 두 번째, 세 번째 변이가 일어나면서 암 상태를 완성시키기 때문이다. X선, 벤젠을 비롯한 몇몇 화학 물질과 담배 등이 이러한 DNA 복제 장애를 부추기는 것으로 알려져 있다.

암을 막아 주는 유전자는 없을까?

한편 암으로부터 우리를 지켜 주는 유전자도 있다. 이 유전자는 세포 배양 실험 중에 단 하나만 착상시켜도 세포의 암적 양상을 충분히 없앨 수 있다는 사실이 밝혀져 '항암 유전자'라고 불린다.

이 실험의 결과를 보면 정상 유전자의 도움을 받아 정상으로 되돌아온 암세포는 이전처럼 과도하게 활동하지 않고, 오히려 활동 부족이라는 특징을 갖게 된다는 것을 알 수 있다. 만약 어떤 사람에게서 항암 유전자가 작용하지 않는 것으로 나타난다면, 이는 곧 아버지 쪽에도 어머니 쪽에도 그 유전자가 없었다는 뜻이다.

항암 유전자는 일반적으로 세포 분열을 억제하거나 DNA 복제 오류를 바로잡는 기능을 갖고 있다. 그리고 앞에서 말했듯이 항암 유전자 쌍을 이루는 유전자가 모두 제대로 작동하지 않을 때만 암 형질이 나타나기 때문에, 항암 유전자 쌍 가운데 한쪽만 억제하거나 교정해도 세포가 정상적으로 살 수 있다. 세포 분열에 이르기까지 거쳐야 할 일련의 단계들이 많기 때문에 억제하는 방법도 다양하다.

이와 마찬가지로 DNA 복제 오류를 교정하는 과정에 개입하는 요인도 많고, 저마다 나름대로 특수성을 가지고 있다. 이러한 교정 시스템은 매우 효율적이다. 만약 복제 오류가 1000번에 한 번 일어난다고 하면, '교정기'는 100번에 99번은 오류를 바로잡아 놓는다. 그렇게 해서 결국 10만 번에 한 번의 오류만 남는 것이다!

따라서 암 유전자와 항암 유전자는 서로 다른 방식으로 암 발생에 영향을 미친다.

암 유전자는 유전자 쌍 중에 한쪽에만 이상이 생겨도 암 유전자로 활성화되고, 항암 유전자는 유전자 쌍 모두에 문제가 있을 때만 위험해진다. 즉, 두 개의 항암 유전자 모두가 보호 역할을 하지 않으면 세포는 결국 통제할 수 없는 상태가 되는 것이다.

하지만 다행스럽게도 암 유전자와 항암 유전자에 동시에 문제가 생기는 일은 암 유전자 하나에만 변이가 일어나는 경우에 비해 훨씬 드물다. 단, 항암 유전자 쌍 가운데 하나가 날 때부터 없는 경우는 예외다. 이러한 항암 유전자의 유전적 결함은 암에 취약한 개인적 특질을 연구하는 데 중요한 실마리가 되어 주기도 하다.

앞에서 말한 P53 단백질을 다시 살펴보자.

이 물질은 복제 오류가 얼마나 심각한지를 확인한 후에 그 세포를 고칠 것인지 아니면 죽게 할 것인지를 결정하는 매우 특수한 단백질이다. 이 조절 장치가 제대로 작동하지 않으면 세포는 부분적인 고장만으로도 위험해진다. 따라서 조절 장치가 완전히 고장 난 사람은 여러 가지 암을 한꺼번에 앓을 수도 있는데, 이러한 상태를 '리프라우메니 증후군'이라고 부른다.

따라서 암에 취약한 가족적 특성은 존재하며, 항암 유전자가 유전적으로 결핍된 경우에 특히 문제가 된다. 이유는 아직 밝혀지지 않았지만 항암 유전자는 저마다 특정 장기에 영향을 미치는 특징이 있다.

DNA 오류를 교정하는 항암 유전자가 결핍된 경우 신체 기관마다 다른 문제가 발생한다. 색소성 건피증* 같은 피부 종양을 유발하는 유전자가 있는가 하면, 유방암과 난소암을 일으키는 brca1, brca2 같은 유전자도 있고, 백혈병의 원인이 되는 ATM, FANC 같은 유전자도 있다.

세포 분열을 억제하는 항암 유전자도 이와 마찬가지다. 예를 들어 Rb 유전자에 의해서 암호화되는 Rb 분자가 없는 경우에는 망막에 종양이 생기는 망막아 세포종˚ 에 걸릴 확률이 커진다.

암이 유전되는 것을 막을 수는 없을까?

어떤 가족을 검사한 결과 암에 취약한 유전자가 발견되었다

● ● ● ●

색소성 건피증 자외선에 노출되었을 경우 피부가 붉어지고 마르다가, 급기야는 피부암으로까지 진행되어 죽음을 부르는 병.

망막아 세포종 태아의 눈은 생성 초기 단계에 망막아 세포라 불리는 세포를 갖는다. 이 세포는 매우 빠르게 성장하며, 다 크면 성숙한 망막 세포로 발전해 빛을 감지한다. 미성숙한 망막아 세포가 성숙하지 않고 제멋대로 계속 자라 종양이 되는 경우를 망막아 세포종이라고 한다. 대부분 5세 이하의 아이에게 발생하며, 처음에는 알기 어렵지만, 종양이 커지면 눈동자가 고양이 눈처럼 황색으로 빛나기 때문에 알게 된다.

고 가정해 보자.

이들에게 뭐라고 말해야 할까?

이 유전자 검사 결과는 이 가족의 구성원들이 암에 걸릴지도 모른다고 하는 추측일 뿐이지 반드시 암에 걸린다는 뜻은 아니다. 그러나 이 이야기는 한편으로는 그것을 예방할 치료 방법이 없다는 뜻이기도 하다. 따라서 암에 걸리는 일이 없도록 미리 조심하는 게 좋다. 나중에 암에 걸리면 신체의 일부를 잃게 될 외과 수술에 의지할 수밖에 없다.

이를테면 색소성 건피증 변이를 가진 환자는 햇빛을 피하는 것을 원칙으로 삼아야 한다. 낮 동안에는 갇혀 지내야 한다는 이야기다.

brca1 또는 brca2 변이를 지닌 사람은 사는 동안 유방암이나 난소암에 걸릴 확률이 70퍼센트나 된다. 미국 의사들은 그런 사람들에게 양쪽 유방을 겨드랑이 부분까지 광범위하게 제거하는 수술이나 난소 제거 수술을 받으라고 제안한다.

아무리 암의 위험을 예방하기 위해서라지만 젊은 여성이 이러한 수술을 받아들일 수 있을까?

게다가 현재 이런 경우의 진단과 수술은 모두 복잡하고, 비용도 비싸다. 하지만 아무리 진단과 수술이 간단해진다고 해서 해당 여성 모두에게 수술을 받으라고 제안하는 것이 과연 옳은

일일까?

누구나 자신의 의학적 운명을 알 권리가 있다. 그러나 운명을 알지 않을 권리 역시 가지고 있다는 점도 고려해야 한다. 하지만 미국 의사들은 이 권리를 인정하지 않는 것처럼 보인다.

미국에서는 의사가 한 여성에게서 암에 취약한 유전자를 발견하면, 그 여성이 검사 결과를 알고 싶어 하지 않는데도 여성의 가족을 병원으로 불러 집안 여성들 모두에게 암 검사를 해 보라고 제안하기 때문이다. 위험에 처한 사람을 돕는다는 명목으로 말이다.

프랑스에서는 이러한 경우에 생명 윤리법에 따라 의사가 해당 개인에게 진단 결과를 알려야 한다. 그러나 가족에게 사실을 알리는 책임은 환자 본인이 져야 한다.

생물학이 암에 대한 위험이나 자발적인 신체 손상, 불안과 같은 개념을 동반하고 가족 생활에 억지로 끼어드는 것에 대해 어떻게 생각해야 할까?

그런 사람들은 대개 전체 암 발병률에서 극히 적은 비율을 차지한다. 예를 들어 유방암과 난소암 환자 가운데 brca1이나 brca2 유전자와 관련된 이들은 전체 발병자의 5퍼센트에 해당한다.

어쨌든 의사는 이들에게 임상 검사와 단층 촬영, 생물학적 검사 등을 정기적으로 받는 것이 좋다고 권한다.

암에 취약한 유전자를 연구하려면 많은 전문가들로부터 의견을 듣고 자문을 구해야 한다. 의학적, 심리적, 윤리적인 결과를 모두 고려해야 하기 때문이다.

3

암에 걸리면 꼭 수술해야 할까?

암세포를 정상으로 되돌릴 수 있을까?

바로 얼마 전까지 암 전문의들은 다음과 같은 학설을 암 치료의 전제로 삼았다.

암세포의 이상은 염색체가 손상 또는 유실되거나, 변이를 일으켜 그 속의 유전 정보가 변경되는 바람에 생기는 것이기 때문에 세포를 고칠 수 없다는 것이다.

여기서 잠깐 상기할 필요가 있는 것은 유전 물질의 본체는 염색체 안에 실처럼 감겨 있는 기다란 DNA 사슬이라는 점이다. 그러므로 염색체는 세포의 모든 유전 정보가 들어 있는 곳이라고 할 수 있으며, 우리 몸의 세포들은 저마다 **염색체**를 46개씩 가지고 있다.

유전자는 DNA 상의 정확한 위치, 즉 유전자좌에 자리 잡고 있다. 그리고 3만 개의 유전자는 저마다 특정 물질을 만들어 내는 암호화된 메시지를 갖고 있는 하나의 DNA 서열에 해당한다.

이러한 유전 물질에 결함이 있는 경우는 단지 암세포에서만 발견될 뿐, 인체의 다른 부분에서는 나타나지 않는다는 점을 명심해야 한다.

암은 사람이 성장하면서 나타나고 인체의 어느 부분에만 관계하는 후천적 유전병으로서, 세포 내의 DNA 복제 오류로 인해 발병한다.

물론 그러한 오류는 10만 번에 한 번 꼴로 드물게 일어나지만, 일단 기록된 오류는 다음번 세포 분열 중에 딸세포에 전해진다. 이렇게 해서 이상을 지닌 세포군, 즉 클론*이 생기는 것이다.

암은 이러한 오류가 몇 번이나 다시 복제된 후에, 또는 환자가 살아가는 동안 몸 안의 염색체에 손상을 일으키는 경우에 발생한다.

●　●　●　●

클론 단일 세포 또는 개체가 무성 증식을 할 때 만들어지는 유전적으로 동일한 세포군이나 개체군. 영양계, 분지계라고도 한다.

이상이 생긴 세포는 매우 공격적으로 바뀐다. 이때 **이형성 증**˚ 같은 세포 기능 장애나, 비교적 느리게 진행되는 세포 증식, 즉 양성 종양 같은 문제가 먼저 나타난다. 하지만 여러 개의 오류를 지닌 세포는 통제할 수 없는 행동을 한다. 몸속에서 주위의 조직을 침범하며 이동하는 것이다. 종양에서 떨어져 나온 세포들은 대개 혈액이나 림프액 안에서 돌아다니다가 죽는다.

하지만 그 가운데 일부는 처음 종양에서부터 멀리 떨어진 곳에 자리 잡고 증식할 수도 있으며, 이렇게 될 경우에는 **전이**를 일으킨다.

그렇다면 손실된 염색체 부위를 바꾸거나 그러한 염색체 또는 변이가 일어난 DNA **서열**을 고쳐서 암을 치료할 수는 없을까?

앞으로 살펴보게 될 세 가지 사례는 그러한 생각이 비현실적이지 않다는 사실을 보여 준다.

∙ ∙ ∙

이형성증 세포가 분화하거나 성숙하면서 이상이 나타나 세포의 크기와 모양이 불규칙할 뿐만 아니라 핵의 염색상도 변하여 핵은 농염되고 세포 배열의 규칙성이 소실되는 현상. 가벼운 이형성증은 스스로 사라지기도 하지만 암으로 발전할 가능성을 배제할 수는 없다.

바이패스 실험

이스라엘에 있는 바이츠만 연구소의 생물학자 레오 작스[*]는 자신의 큰 키 만큼이나 실험도 크게 하는 과학자로 유명하다. 암세포 생물학의 선구자들 가운데 한 사람인 그는 1960년대에 생쥐의 골수 세포를 배양하는 기술을 완성했다. 뒤이어 백혈병에 걸린 생쥐의 세포를 채취해 시험관에서 배양하고, 이 세포가 염색체가 손상되었는데도 정상적인 형질을 획득할 수 있음을 증명했다.

이 실험에서 작스는 몇 가지 물질을 첨가했는데, 그 덕분에 유전적 이상을 피해 가는 것(그의 표현에 따르면 '바이패스(by-pass)' 하는 것)이 가능했다고 한다.

암세포는 이전 상태로 돌이킬 수 없다고 하는 정설이 깨지는 순간이었다. 하지만 그 사례는 어디까지나 생쥐, 배양 세포, 시험관 연구와 관련된 것이었고, 암 전문의들 역시 그 실험에 대해 몹시 회의적이었다.

● ● ● ●

레오 작스(1924~) 독일 태생의 이스라엘 분자 생물학자이자 암 연구자. 바이츠만 연구소에서 유전학 파트를 개설하였으며, 1980년 세계적으로 권위를 인정받고 있는 과학상인 울프상을 받기도 했다.

정상 상태로의 복귀

프랑스 혈액학 연구소의 암 연구진은 레오 작스와 같은 생각에 기초해 크리스틴 쇼미엔 교수와 함께 백혈병 환자의 세포를 채취했다. 그런 후 여기에 다양한 물질을 첨가해 가며 6일 동안 시험관에서 배양했다.

그 결과 정말이지 놀랍게도 어떤 천연 물질, 즉 비타민 A 유도체인 레티노이드가 특정 백혈병 세포를 정상임이 분명한 백혈구로 바꾼 것을 확인할 수 있었다. 세포를 제공한 환자의 증상은 '급성 전골수성 백혈병'으로, 특히 위중한 증상이라고 해서 다른 백혈병과 따로 구분될 정도였다.

실제로 같은 병을 갖고 있는 환자들은 출혈이 심해서 일주일 만에 죽음에 이를 수도 있다. 더군다나 화학 요법은 출혈을 가중시키는 고약한 재주를 가지고 있기 때문에, 그렇게 위중한 백혈병을 앓는 환자들에게 화학 요법을 적용하는 것 자체가 아주 위험한 일이었다.

실험 결과를 확인한 연구진은 레티노이드를 이용해 그 특이한 백혈병에 걸린 환자를 치료할 수 있다고 생각하게 되었다. 그런데 레티노이드를 만든 제약 회사는 레티노이드를 여드름이나 주름 같은 피부 손상을 치료하는 데만 사용하도록 제한하려고 했다. 소비자들에게 혼란을 일으키고 싶지 않았던 것이다.

그 무렵 프랑스의 항공사인 에어프랑스는 중국 의학계의 유력 인사들이 파리를 여행하는 것을 도와 주고 있었다. 그중에는 상하이 자오퉁 대학의 왕전이(王振義) 교수도 있었다.

예순의 나이에 세련되고 기품 있는 왕전이 교수는 프랑스 수사들에게 배운 덕분에 프랑스어도 완벽하게 구사할 줄 아는 사람이었다. 그런 그가 마침 학위 논문을 준비하고 있던 자신의 제자 천주(陳竺)의 연구를 보러 혈액학 연구소에 왔다가 백혈병 세포 실험에 관한 이야기를 듣게 되었다.

실험 결과를 귀담아 들은 왕 교수는 실험의 가능성을 인정하고, 상하이 제6제약 공장에서 레티노이드를 제조하도록 해보겠노라고 말했다. 그것도 연구진이 가장 효과적이라고 인정한 트레티노인을 말이다.

1987년 4월, 혈액학 연구소의 연구진과 왕 교수는 상하이에서 다시 만났다. 약은 사용할 준비가 끝난 상태였고, 류진 병원에서 첫 번째 환자 치료에 들어갔다. 프랑스의 연구소에서 보았던 기적적인 효과는 최초의 치료에서 곧바로 확인되었다. 환자의 상태가 다소 느리게 나아지긴 했지만 말이다.(세포 배양 실험에서는 6일이 걸렸지만 사람의 경우는 한 달이 걸렸다.)

수혈을 하지 않아도 되었고, 항생제를 쓰지 않아도 되었으며, 구토 억제제 등을 더 이상 처방할 필요가 없었다. 게다가 머리카락도 빠지지 않았다. 인체는 전혀 해를 입지 않고, 백혈병 세포들만 점차 정상 세포로 바뀐 것이다.

그러자 과학계는 이 실험 결과에 대해 우선 의혹부터 제기했다. 백혈병 환자가 정상으로 되돌아갔다면 이는 애초에 진단이 잘못되었다는 것이다. 즉 백혈병이 아니라는 것이다. 하지만 암세포군과 특징적인 염색체 손상이 확인되었다. 그러자 의혹은 수그러들었다. 암세포를 바꾸는 것은 생각해 볼 수 있는 일이었던 것이다.

이렇게 해서 **분화 요법**, 즉 암세포를 정상 세포로 바꾸는 치료의 문이 열렸다.

혈액학 연구소 팀은 위그 드 테, 안 드장, 크리스틴 쇼미엔과 함께, 위에서 말한 유형의 백혈병에서 염색체 손상이 일어난 위치가 레티노산 수용체에 대한 코드를 지닌 유전자 가운데라는 것을 알아냈다.

레티노산은 마치 열쇠가 자물쇠와 맞물리듯 수용체에 끼워맞춰져 작용한다. 보통 수용체는 세포 표면에 있지만, 레티노산의 수용체는 특이하게도 세포핵 안에 있다. 몇몇 유전자좌 가까이, DNA에 붙어 있는 것이다.

수용체는 레티노산으로 채워지자마자 근처의 불활성 유전

자를 정보 발현 유전자˚로 바꾸는 메커니즘을 작동시키고, 레티노산 때문에 발현된 일련의 정보는 곧바로 백혈구가 정상적으로 발육할 수 있게 만든다. 그런데 수용체가 손상되면 제 기능을 다하지 못하기 때문에 백혈구가 발육할 수 없다.

이때 레티노산을 정상보다 10배에서 100배 정도 더하면 수용체가 다시 활성화되고, 그 결과 백혈구에게 정상적인 발육 프로그램을 되찾아 주는 것이다.

이로써 혈액학 연구소 팀은 암세포를 정상으로 되돌려 놓을 수 있다는 것을 알아냈을 뿐만 아니라, 고장 난 세포 메커니즘의 결함을 정확히 알아내 고치면 암세포를 정상으로 되돌려 놓을 수 있다는 사실도 설명해 냈다.

암세포의 허를 찌르다

앞에서 말한 연구는 세포의 결함을 고치면 암 환자를 치료할 수 있다는 사실을 증명했다. 그러나 이 경우에는 경험에 의

● ● ● ●

정보 발현 유전자 정보가 특정 형질로서 나타나는 것을 말한다.

거해 약을 먼저 발견하고, 그 약이 어떠한 결함에 작용하는지는 나중에야 확인할 수 있었다.

이와 반대로 스위스의 제약 회사인 노바티스의 연구원들은 먼저 결함부터 찾아내는 것을 목표로 삼았고, 이로써 한 단계 더 나아갔다.

그들은 '만성 골수성 백혈병'을 대상으로 실험했다. 잘 알려졌다시피 이 백혈병의 세포 이상은 급성 전골수성 백혈병과 다르다. 손상된 염색체가 수용체의 활동을 방해하지 않고, 오히려 세포 분열을 유도하는 신호를 보내는 세포 표면의 수용체를 지나치게 활성화시킨다.

노바티스 연구진은 수용체의 형태를 입체적으로 연구하는 한편, 수용체의 결합 부위에 자리 잡고 활동을 방해하는 물질에 관해 연구했다.

이렇게 해서 만성 골수성 백혈병에 매우 효과적일 뿐만 아니라 부작용도 아주 적은 글리벡이라는 약을 개발하는 데 성공했다.

이로써 억지 없이 암을 바로잡는 것, 즉 인체에 피해를 주지 않고 암세포만 고치는 것은 인간의 능력으로도 가능한 일이 되었다. 그러나 세상에 완벽한 것은 없는 법이다. 앞에서 이야기한 사례들도 결점이 있다.

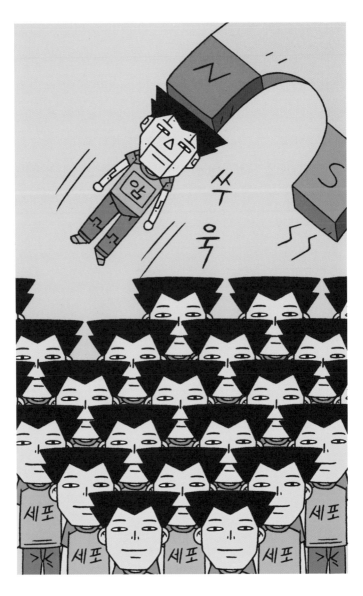

주위의 세포에 해를 주지 않고 암세포만 처리하려면
먼저 암세포의 결함을 알아야 한다.

레티노이드는 많은 양을 투여하면 인체가 거부 반응을 일으켜 효과를 제대로 볼 수 없게 된다. 그렇기 때문에 현재로서는 화학 요법을 계속 병행하는 수밖에 없다. 하지만 화학 요법만 실시한 급성 전골수성 백혈병 환자가 치유될 가능성이 25퍼센트라면, 레티노이드 치료를 병행한 환자가 치유될 가능성은 80퍼센트까지 올라간다.

글리벡에 민감한 백혈병이라면 약이 모든 암세포의 수용체에 작용한다는 사실을 근거로 삼아 치유되기를 바랄 수도 있을 것이다. 이 경우에 암세포가 모두 똑같다면 문제가 없다. 하지만 소수의 암세포가 수용체 이상 증세를 보인다면 치료가 통하지 않을 수도 있다.

만약 그런 세포가 10만 개 중에 한 개밖에 없다면 치료가 될 것처럼 보인다. 하지만 그 백혈병 세포 한 개는 점차 증식해서 결국 다른 세포들의 자리를 빼앗아 버린다. 항생제가 듣지 않는 세균이 항생제 치료 후에 살아 남듯이 그 세포들은 글리벡으로 치료해도 살아 남는다. 그래서 완전히 치료하려면 몇 가지 다른 약을 같이 사용해야 한다. 결핵이나 에이즈 같은 몇몇 전염병을 치료할 때 항생제나 항바이러스제 몇 가지를 같이 사용하는 것처럼 말이다.

이제까지 살펴본 시도들에서 우리가 배울 수 있는 것은, 암을 억지 없이 바로잡으려면 주위에 있는 세포에 피해를 주지 않고 정확히 처리할 수 있도록 먼저 암세포의 결함을 알아야 한다는 것이다. 이때도 중국의 사상에서 배울 점이 있다. 바로 "적을 알고 나를 알면 백 번 싸워 백 번 이긴다."라는 『손자병법』의 가르침이다.

4

싸우지 않고 암을
이기는 방법은 없을까?

암을 예측할 수 있을까?

암에 걸릴지 어떨지를 미리 알 수 있는 경우는 극히 적다. 또 발병 여부를 예측했다 하더라도 실제 증상이 어떨지 알아내기가 쉽지 않다. 그래서인지 암 전문가들은 암을 예측하는 것보다는 예방하는 데 힘을 쏟으면 여러 가지 암을 피할 수 있다고 이야기한다.

담배는 후두암과 폐암의 주된 원인이다. 폐암은 대부분 기관지에서 시작되기 때문에 '기관지 폐암'이라고 불리기도 한다. 프랑스에서는 기관지 폐암이 해마다 2만 5000건씩 늘고 있다. 여성의 경우에 예전에는 기관지 폐암과 거리가 멀었지만, 흡연에 한층 더 강력하게 맞서지 않으면 조만간 폐암이 유방암에 이어 두 번째 자리를 차지할 것으로 보인다.

특히 후두암과 폐암에 치명적인 담배의 해악성은
아무리 강조해도 지나치지 않을 것이다.

프랑스 정부는 2003년 1월부터 2004년 1월까지 일 년 동안 담배 가격을 42퍼센트나 올리고, 16세 미만 청소년에게는 담배를 팔지 못하게 하는 등 흡연 중독 대책을 실시했다. 이는 분명 성과가 있을 것이다. 이전에 실행한 대책들도 이미 고무적인 결과를 보여 주었기 때문이다. 프랑스에서는 1999년부터 2003년 사이에 180만 명이 담배를 끊었는데, 이는 전체 흡연 인구가 12퍼센트나 줄었다는 것을 의미한다.

술과 나쁜 식습관도 암을 부추기지만, 따로 통계를 내기는 어렵다. 이 두 가지 요인은 흡연 중독과 결합되어 있는 경우가 많기 때문이다.

태양 자외선은 피부암을 일으킬 수도 있다. 자외선에 오래 노출되면 작은 점 하나가 흑색종˚으로 악화될 수도 있기 때문이다. 피부가 흰 사람일수록 더 위험하다. 서양의 경우를 보면 제2차 세계 대전 후에 일광욕이 유행한 결과 피부암 발병 빈도가 확연히 높아졌다. 중동이나 인도를 비롯한 다른 여러 문화

●　●　●

흑색종 멜라닌 세포(사람의 피부색을 결정하는 멜라닌 색소를 생성하는 세포)에 생기는 악성 종양. 멜라닌 세포가 존재하는 곳이면 어느 부위에서나 발생할 수 있으나 피부에 가장 많이 발생한다.

권에서는 오히려 흰 피부가 인기 있는데 말이다! 서양인들도 그들 할아버지 세대까지는 흰 피부를 좋아했다. 당시에 그을린 피부는 바깥에서 일하는 사람의 징표였기 때문이다.

도대체 어떤 심리적인 요인이 사람들로 하여금 해로운 유행을 따르도록 몰고 갔을까? 그을린 피부가 여가를 즐길 정도로 여유가 있다는 것을 상징해서일까?

환경과 암이 관계가 있을까?

직업적인 이유로 발암성 유독 물질에 노출될 수도 있다. 직업상 발암성 물질을 취급하기 때문에 발병하는 암을 직업암이라고 한다. 노동자가 노동 현장에서 겪는 건강 문제를 의학적으로 연구하는 학문을 노동 의학이라고 하는데, 노동 의학은 실제로 직업암의 원인이 되는 위험 물질을 밝혀냄으로써 암 발병 위험을 감소시키는 데 확실하게 기여했다.

가장 잘 알려진 발암 물질인 석면은 전체 직업암의 90퍼센트 가까이를 차지하는 기관지 폐암, 늑막암, 중피종*의 원인이다. 또한 페인트나 세척제에 첨가되는 벤젠과, 방사선 전문의나 물리학자 등이 노출되기 쉬운 이온화 방사선은 백혈병을 유발한다. 뿐만 아니라 제련업, 피혁 가공업 등 여러 분야에서 사용하는 크롬산과 탄광, 도로 포장 등에 사용하는 콜타르는 기관지 폐암을 일으킨다.

직물 염료나 식용 색소에 첨가하는 방향족아민은 방광암을 유발한다고 알려져 있고, 제재소나 목공소에서 나오는 목재 분진은 부비강 암을 일으키는 원인으로 알려져 있다. 역학자(疫學者)들은 소각로의 연기, 다이옥신, 살충제, 판매용 생수의 염소 소독 부산물, 흙이나 일부 물속에 있는 비소 등 직업상 다루거나 주위 환경에서 접하는 몇몇 물질들을 폭넓게 연구하고 있는데, 현재로서는 상반된 결과를 얻고 있다.

암 발병을 부추기는 세균이나 바이러스도 환경 요인으로 분

●●●●

중피종 폐, 심장 등 흉부의 장기와 위, 간 등 복부의 장기는 각각 흉막, 복막, 심막 등의 막으로 싸여 있다. 이들 막의 표면을 덮고 있는 것이 중피이며, 이 중피에 발생한 종양을 중피종이라고 한다.

부비강 비강이 이어져 있고 주위의 골 속에서 볼 수 있는 공기 구멍을 말한다. 상악동, 사골동, 전두동, 접형골동으로 이루어져 있으며 얇은 끈끈막으로 싸여 있다.

다이옥신 제초제나 살균제 등을 만들 때 나오는 벤젠 유기 화합물. 염소나 브롬을 함유하는 산업 공정에서 화학적 부산물로 생성되며, 염소 함유 화합물을 소각할 때도 생성된다. 베트남 전쟁 당시 미군이 나뭇잎의 성장을 억제하고자 정글에 살포한 제초제에 들어 있었던 것으로 유명해졌다. 기형아 출생의 원인이 되는 등 인류가 만든 최악의 물질이라고 불린다.

류할 수 있다. 예를 들어 자궁경부암과 관련이 있는 유두종 바이러스, 간암으로 발전하는 간경화를 일으킬 수 있는 B형 및 C형 간염 바이러스, 백혈병과 림프종의 원인이 되며 특히 서인도 제도와 일본에 흔하다고 알려진 HTLV1 바이러스, 위암과 관련된 헬리코박터 파이로리균, 혈관암의 일종인 카포시육종에서 발견되는 HHV8 바이러스 등이 있다.

전염성 단핵구증°의 원인이 되는 엡스타인바 바이러스의 경우 아프리카에서는 림프종을 주로 일으키고, 유럽에서는 호지킨병°을 일으킨다.

B형 간염 백신은 B형 간염 바이러스가 일으킬 수 있는 간암의 위험을 없애 주었다. 따라서 부작용이 나타날 수 있다는 이유로 백신 접종 캠페인을 멈추는 것은 바람직하지 않다. 오히려 홍보를 계속하는 편이 국민을 보호하는 결과가 될 것이다. 헬리코박터 파이로리균을 없애는 항생제는 이 세균이 일으키는 위암을 예방할 수 있다. 유두종 바이러스에 대한 백신도 현

● ● ●

단핵구증 말 자체는 단핵 세포가 증가한다는 뜻이지만 실제로는 바이러스 감염으로 나타나는 전염병의 일종이다. 청소년기에 주로 발생하며, 말초 혈액 검사를 통해 특징적인 단핵 세포의 증가를 진단할 수 있다.
호지킨병 주로 목 근처의 림프샘이 붓기 시작하면서 발병하는 악성 림프종.

재 연구 중이다.

암 연구자들은 항암 백신을 사용해 인체의 방어력을 키워서 암 재발을 피하는 방법도 검토하고 있다. '면역 요법'이라고 하는 이 방법은 아직 연구 단계에 있다. 그 기본 개념은 외부 공격으로부터 우리 몸을 지키는 체내 세포를 자극함으로써, 인체로 하여금 남아 있는 게 분명한데도 검출되지 않는 암세포를 제거하도록 돕는 것이다. 하지만 면역 요법은 바이러스, 세균, 이식 같은 외부로부터의 침입에 효과적으로 대응할 수 있는 저항력을 키워 주긴 하지만, 체내 세포 자체에 대해서는, 설령 병든 세포라고 해도, 특별히 면역력을 높여 주는 것은 아니다.

암은 과연 개인적인 문제일까?

암 예방을 위한 보건 정책은 아마도 큰 성과를 가져다줄 것이다. 그러나 결과가 어떻게 나타날지는 온 국민의 의지에 달려 있다.

흡연과의 전쟁을 어떻게 펼쳐 나가야 할까? 사람들에게 담배를 끊으라고 강요하려면 결국 개인의 자유를 침해할 수밖에 없다. 우리가 사무실이나 대기실, 아파트 같은 일부 장소에서

타인의 흡연에 노출될 때, 그 사람에게 담배를 피우지 말라고
할 수 있을까?

물론 공공장소는 대개 금연 구역으로 정해져 있고, 따로 흡
연 구역을 두고 있다. 하지만 사적인 장소에서 담배를 피운다
면 아무도 말릴 수가 없다.

마찬가지로 선탠이 유행하는 것은 어떻게 막아야 할까? 여
가 활동이 더 다양해지면 그을린 피부와 여가를 동일시하는 공
식이 사라질지도 모른다.

암은 일찍 발견해 치료할수록 완치하기가 쉽다. 이 때문에
프랑스에서는 전 국민을 대상으로 암 검진을 실시하고 있다.
프랑스 정부는 2004년 1월 1일부터 프랑스령 기아나를 제외한
프랑스 전역에서 50세부터 74세 사이의 여성을 대상으로 2년
마다 유방 촬영 검사를 한다.

이 검사 결과를 이용한 체계적인 유방암 검진은 이제 자리
를 잡은 상태다. 또한 같은 연령대를 대상으로 22개 시범 지구
에서 대변 내 혈액 유무 검사를 시행하고, 이를 통해 결직장암
검진을 실시하고 있다.

정부는 2004년 2월 14일부터 질 조직 슬라이드 검사를 통한
자궁경부암 검진과 유두종 바이러스 검사 비용을 부담하고 있
다. 프랑스의 모든 일반의는 60세 이상의 남성을 진찰할 때는

반드시 전립선암 검사도 실시한다.

그러한 조치들이 암으로 인한 사망률을 낮추는 데 얼마나 큰 영향을 미치는지 아직은 알 수 없다. 모든 보건 정책이 그러하듯이 결과는 수년이 지난 후에야 알 수 있고, 또 적어도 80~90퍼센트의 인구가 검진에 응해야 정책의 성공 여부를 제대로 판단할 수 있다. 더 많은 사람이 호응할수록 정책의 효력이 더 커질 것이다.

프랑스의 경우를 보면 해마다 28만 명이 암 진단을 받는다. 일 년에 15만 명이 암 때문에 사망하고, 암 발병률은 1980년부터 2000년 사이에 30퍼센트나 증가했다. 프랑스는 65세 미만 남성 암 환자 수가 유럽 1위라는 우울한 기록까지 가지고 있다.

2003년 한 해 동안 프랑스에서 팔린 담배가 700억 개피나 된다는 사실로 미루어, 담배와 술이 이러한 서글픈 결과를 낳은 두 가지 요인인 게 분명하다.

그런데 암 환자가 늘어난 같은 기간 동안 암 환자의 사망률은 9퍼센트나 감소했다. 이 같은 사실은 예방과 검진, 조기 진단, 표적 치료 등의 효과를 입증한다. 즉, 싸우지 않고 이기는 것이 실제로 더 효과적이라는 뜻이다. 이는 적과의 만남을 피하는 것(예방)이자, 적이 아직 약할 때 찾아내(조기 진단) 약점을 정확히 파악하고 공략해서 적을 제어하는 것(표적 치료)이다.

암과 벌이는 전쟁에서 상처 없이 이기려면 무엇보다도 예방과 조기 진단에 승부를 거는 것이 바람직하다. 갈등이 드러나기 시작하는 단계에서 온 힘을 쏟아 전쟁이 더 이상 커지지 않도록 최선을 다해야 하는 것이다.

여러 전문가들이 고장 난 세포를 수리할 방법을 연구하고 있고, 희망의 빛은 더욱 밝아지고 있다. 그 덕분에 우리는 조만간 노자의 두 가지 가르침을 실천할 수 있을지도 모른다.

"싸우지 않고 이겨라." 그리고 "억지 없이 바로잡아라."

더 읽어 볼 책들

- 노승옥 · 이철호, 『**식이요법으로 암을 이겨낸 사람들**』(유림문화사, 2002).

- 임현술, 『**유리섬유 폐기물에서 조류인플루엔자까지**』(글을읽다, 2005).

- 그렉 앤더슨, 박종석 옮김, 『**암 선고를 받았을 때 취해야 할 50가지 필수수칙**』(동도원, 2002).

- 다니엘 바젤라 · 로버트 슬레이터, 이충호 옮김, 『**마법의 탄환**』(해나무, 2005).

- 샤를 오프레 , 김희경 옮김, 『**유전자란 무엇인가?**』(민음in, 2006).

논술·구술 시험은 논리적이고 종합적인 사고를 요구한다. 다음에 제시된 문제는 이 책의 주제와 연관이 있는 논술·구술 기출 문제이다. 이 책을 통하여 습득한 과학적 지식과 원리, 입체적이고 논리적인 접근 방식을 활용하여 스스로 문제에 답해 보자.

▶ 암이란 무엇이며, 암세포와 정상 세포의 차이점을 말하시오.

▶ 개인 건강에 대한 흡연의 폐해에 대해 말해 보시오.

옮긴이 | 김성희

부산대 불어교육과 및 동대학원을 졸업했으며 현재 전문 번역가로 활동 중이다.

민음 바칼로레아 26
암을 정복할 수 있을까?

2판 1쇄 펴냄 2021년 3월 30일
2판 5쇄 펴냄 2024년 8월 8일

1판 1쇄 펴냄 2006년 5월 4일
1판 3쇄 펴냄 2013년 9월 19일

지은이 | 로렝 드고
감수자 | 유항종
옮긴이 | 김성희
발행인 | 박근섭
펴낸곳 | ㈜민음인

출판등록 | 2009. 10. 8 (제2009-000273호)
주소 | 06027 서울 강남구 도산대로 1길 62 강남출판문화센터 5층
전화 | 영업부 515-2000 **편집부** 3446-8774 **팩시밀리** 515-2007
홈페이지 | minumin.minumsa.com

도서 파본 등의 이유로 반송이 필요할 경우에는 구매처에서 교환하시고
출판사 교환이 필요할 경우에는 아래 주소로 반송 사유를 적어 도서와 함께 보내주세요.
06027 서울 강남구 도산대로 1길 62 강남출판문화센터 6층 민음인 마케팅부

한국어판 © ㈜민음인, 2006. Printed in Seoul, Korea
ISBN 979 11-5888-788-9 04000
ISBN 979 11-5888-823-7 04000(set)

㈜민음인은 민음사 출판 그룹의 자회사입니다.